ROULEAUX DE POÈMES À L'ENCRE TEINTÉE

Yixin Wang

Amazone

ISBN-13: 9798836187392
ISBN-10: 8836187392

Cover design by: Art Painter
Printed in the United States of America

CONTENTS

PREFACE

C'est un grand plaisir de voir la publication de la version française du livre "Rouleaux de poèmes à l'encre teintée". Le livre a déjà été publié avec succès en plusieurs langues, notamment en chinois, en anglais et en espagnol. Je tiens à remercier les rédacteurs de l'éditeur pour leur aide et leur soutien. Nous espérons que vous apprécierez la version française.

Je vais continuer à travailler dur et à créer d'autres œuvres à l'avenir.

UN POÈME
D'UN POÈME

La poésie est un puits profond d'eau froide
Sans fond, large et profond
Des milliers d'années
Chasser les gens

La poésie est une cruche de vieux vin
Extrait de l'énergie des céréales
Enlevé l'écume du monde
Laissant l'essence de la prospérité

La poésie est un paysage pas comme les autres
Travail impressionnant, transcendantal
Purifier l'esprit des gens
Il a secoué le cœur des gens

SE DÉBARRASSER DE

En silence
En silence
Il y avait du vent
Les feuilles commencent à trembler
Tout tremble
Même la lune brillante dans le ciel
Trembler là aussi
Je ne sais pas quand commencer
Où frayer
Le coeur s'est mis à trembler

Regarde cette nuit fraîche
Dans le miroir tremblant
Quelle insouciance
Heureux mec
Regarder au loin
Regardant le ciel
Écouter la mer
Semble être allé aux vicissitudes de la vie

OUBLIER

Une fois j'ai entendu le vent souffler
Je ne peux pas voir ta piste
J'ai touché la froideur de la pluie
Je ne peux pas sentir ta tendresse

Douleur dans mon coeur
Ce vent ne souffle pas pour moi
Cette pluie n'est pas froide pour moi

Tu
Dans la solitude
Oublie moi doucement

COUCHER DU SOLEIL

Crépuscule tout autour
Coucher du soleil
Nuage rouge sang
Flottant dans les airs
Tellement heureux

La nuit tombée
Le temps est comme
Versé dans l' eau
Peut -être comme un oiseau
Perché sur les branches
Sucer la rosée
Regarde l'univers
Lune dans le visage

J'y crois
Vous vous présentez
Devant moi
À côté de moi

ROSE ROUGE

Tu as dit une fois
Être dans mon jardin
Plantez une belle rose rouge
Alors tu vas
Saupoudré de fantaisie
Hydrater soigneusement
Cultivez avec amour

J'ai pris
Toi dans le jardin
La rose rouge
Je ne sais pas si c'est aggravant
Tu me manques
Pour toi
Je réfléchis au langage floral des roses
Plantez des roses dans ma poésie
Dans chacun de mes poèmes
Dans chaque mémoire
Dans chaque mot
Avoir ton ombre

Regarde tes roses
Comment voir votre rêve
Ton âme, ton esprit
Un jour
Je t'emmènerai aussi

YIXIN WANG

Deviens ma poésie
Ma création
Laisse nous toi et moi
Compagnon de vie

MON AMOUR

Oui
Porte mon amour
C'est l'autre côté du paradis
Alors accepte mon amour
C'est l'aigle dans le ciel
Il prendra mon amour
Briser le ciel
Neuf jours d'affilée

Oui
Porte mon amour
Les profondeurs de la mer
Alors accepte mon amour
C'est le dragon géant dans la mer
Il prendra mon amour
Combattre les vagues
Basculé

Pour mon amour
Plus haut que le ciel bleu
Plus profond que la mer
Mon amour
Il transcendera les frontières géographiques
Rompre le décalage horaire
Ignorer le fossé générationnel séculaire
Briser toute fierté et tout préjugé

YIXIN WANG

Aller à toi

HYPOCRITE

Certaines personnes, visage humain et cœur de bête
À visage humain
Rire tous les jours
Mais dans mon cœur, il n'y a que l'esprit d'une bête
Et pensées sales

Cet hypocrite
Avec un masque
Parcourir le monde
Faire semblant de faire la même chose que les gens
En privé
Mais laisse les fantômes dans mon coeur être
Saccage à volonté

Et si hypocrite
Mais servir d'enseignant
Enseigner et éduquer les gens
Et si hypocrite
Mais responsable
Garder secret
Et si hypocrite
Haut statut
Supporter le poids

Quel hipocrite
Encore bien y vivre

YIXIN WANG

Et les pauvres
Mais j'ai déjà tout perdu

JE T'AIME
TROIS FOIS

Première fois
Quand tu mens
Je souris
Te regarde en silence
Ne te perce pas
Ne rien dire
Faire semblant de ne pas savoir

Deuxième passe
Quand tu m'as quitté
Je suis où je suis
Regarde au loin
Tourne ta tête en silence
Ou faire semblant de ne pas savoir

Troisième fois
Quand je suis seul
Je t'appelle
Suis ivre
Je grogne
Pleursc, harabia
A dit, je t'aime

CALMES

Pense jamais
Les arbres ne parlent pas
Les arbres ont leur propre façon de communiquer
Soleil, brise, feuillage
C'est peut-être le lien entre eux
Même la bonne pluie
Cela pourrait aussi être votre communication
Votre communication
C'est un silence
Communication sans paroles

Le silence
C'est merveilleux
Langage facile
Comme si de
Plage éloignée
Brise de mer soufflant lentement
Le vent se mêle à l'odeur de la mer
De nombreux événements et souvenirs passés
Tout silencieux dans le vent
Silencieux

Même
Seul en silence
Pour entendre le plus chaud de l'autre
Plus excité

Respiration et rythme cardiaque
C'est comme un mètre
Silencieusement, silencieusement
Mais très emmêlé
Inséparable
Ne desserrez jamais les racines

FEU DE JOIE DANS LA VALLÉE

La queue d'herbe d'un chien solitaire
Adossé à un pilier de bronze
Regarder le feu de joie dans la vallée
Feu de joie avec l'automne en arrière-plan
Gravez vos propres composants
Combien de lumière est libérée
Combien de nuits merveilleuses se sont passées ainsi
Combien de rêves restent comme ça dans la nuit et la vallée

Pourtant, à la lumière de la lune fondante
La fumée du feu de camp s'éloigne
Au final, il ne reste qu'un tas de cendres

SOMBRE

Sombre
C'est si profond
Calmes
Le trou qui avale la nuit
Comme un miroir
Comme l'eau
De changement de coeur

Sombre
Exister au paradis
Sur toutes les choses
Surplombant l'habitation humaine
En attendant les quatre saisons
En regardant la poussière rouge dans le monde

Pour l'existence des ténèbres
Loin des gens
Volonté debout
S'estomper

TEMPÊTE DE PLUIE

Dans une ville solitaire
Une pluie torrentielle est tombée du ciel
Laver cette petite ville
Poulet et chien sautant dans le village
Pas un moment de paix
Portes et fenêtres fermées
Attention à la pénétration de l'eau de pluie
Sol lavé par la pluie
Les roseaux sont fatigués de la pluie

Approche de la nuit
Pluie torrentielle
Le chemin des oies
Le forgeron revient par le ruisseau
Les paysans qui travaillent dans les champs ne s'abritent
plus de la pluie
Il est parti
Courir à la maison

Les gens ont vu des feuilles mortes
Regarde les feuilles
Regarde encore le ciel
Le ciel est devenu bleu foncé après un échec

COMPLAINTE

Marcher sur le campus silencieux tard dans la nuit
Nuit d'été après la pluie
Les arbres et les feuilles sentent encore le moisi
Assis sous le réverbère
Juste moi l'ombre
Silhouette solitaire
Silhouette solitaire

Passer une voix
Nuit sombre
Si triste et digne
Comme si quelque chose était perdu pour toujours
Que manque-t-il

Être en attente
Jusqu'à si longtemps
Perdu perdu
Plus
J'ai finalement perdu même les regrets

TRISTE AUTOMNE

Dans la triste saison
Chaque feuille
Tout ça à cause de trop de vent et de pluie
Je ne peux finalement pas le prendre
Juste mourir avec le vent
Devenir progressivement
Un morceau de terre
Un moment sorti de nulle part

Dans la triste saison
Comme si la joie était partie
Le bonheur est parti
Juste tomber
Deuil solitaire et triste

Me rend triste
Vous ne pouvez pas le faire vous-même

MONUMENT

Beau monument
Tu as mon aigle
Veuillez le recommander au dieu de la poésie
Laissez-les communiquer

J'ai honte de la voir
Le dieu de la poésie ne devrait pas avoir de jupe
Elle est toute la pierre tombale
Sans aucune décoration

Mon aigle t'y emmènera
Galaxie préférée
Plus bel arctique
Le meilleur gros ours
Où j'ai une maison romantique
Tu vois des étoiles avec des plumes
C'est ma maison
La plume est mon fantasme
Flotter au soleil parfois
Flâner à volonté
Redescendre sur terre parfois
Lave tombant au centre de la terre
Avec de la lave
Vivre sous la mer
Ne plus jamais se présenter

YIXIN WANG

Aigle , ne me ramène pas
Beau monument
Pourquoi ne m'as-tu pas appelé ?
Dieu de la poésie

REFLET DE LA VILLE

Ancien
Fissuré
Route goudronnée
Progressivement
Refléter la ville antique
Aspect ancien
Cette vue
Le reflet de la ville

Regarde la vieille ville
Les rues sont pavées
Fleur , herbe, arbre, bois
Et de vieilles maisons en ruine
Briques de mur rouge solitaire dans le mur
Le plafond a quelques fissures
Blocs de ciment et peinture
Peu importe à quel point c'était clair
Est parti maintenant
Plein d'extérieur
Papier publicitaire dense
Comme du papier kraft
Trop à enlever
Caractéristique
N'est plus utile

Garçons et filles qui étaient dans la rue

YIXIN WANG

Errer, se réjouir
Mais rien
C'est maintenant
Nulle part et nulle part

22

SOLEIL LEVANT

Sensuel, comme un gâchis
Pris au piège dans ma poitrine
Me rend incapable de respirer
Retourner des livres
Regarde ces mots
En attendant de vagues souvenirs
Comme un oiseau perdu
Vole vers moi

Cœur battant
Soleil levant
Regarde par la fenêtre
Il y a un nuage
Vole vers moi

EXPRESSION D'AMOUR

Amour
Plusieurs
Si l'amour
Il y a cent mille expressions
Un plaisir de vous aider
Surtout pour créer
Type unique
Expression d'amour
Voilà
En colère contre ton visage potelé
Avec mes doigts
Piquer, piquer, toucher

PERDRE LA VIE

Je prends les poubelles
Prêt à descendre
Au fait, laissons tomber ça
Vie dure

J'ai perdu la vie
La mer deviendra un champ de mûriers
Mais je n'ai toujours rien
Rien n'a changé
La montagne enneigée est encore froide
Le désert est encore chaud
Le coucher de soleil est encore sombre
Toutes choses vivent

J'ai perdu la vie
Me casser les mains et les pieds
Vie perdue
Rends-moi incapable de voir loin
Fais-moi perdre mon chemin
Car dans le vide
Passer à autre chose est une douleur sans fin
Le dos appelle l'enfer

Je ne vois aucun espoir
Seulement la douleur
Seulement peur

YIXIN WANG

Juste confus

J'ai perdu la vie
Tout abandonné
Comprendre la vie
Est tombé amoureux à la place
Le tombeau sans limite

REGARDER DERRIÈRE

Une nuit pluvieuse
Ciel nuageux
Tonnerre
Pas d'étoile
En attente de la visite d'un vieil ami
Faire une tasse de thé chaud
Se souvenir lentement du passé

Plusieurs feuilles tombées dans l'eau
Il pleut partout
Gouttes de pluie dans le ciel
Convergence de plusieurs dépressions
L'eau boueuse coule partout
Une scène sombre

Regardant en arrière quand j'étais jeune
Je ne peux m'empêcher de soupirer
Même si le passé est tonitruant
Ne peut être que silencieux

NOUVEL AN LUNAIRE

Cette nuit
Bonne agriculture
Feux d'artifice dans le monde
S'épanouir sauvagement
Quand tu allumes le feu d'artifice
Regardant le ciel étoilé
Chercher
M'a traversé l' esprit
Coloré

Pieds , à la nouvelle année
Chérie , reste dans l'ancien temps
Une touche de douceur
Bouclés na monte
Un rêve qui touche cette vie

Appeler légèrement
Ton nom au son des pétards
Boire un verre de vin rouge
Prier
Tu es assis près de la fenêtre
Entrez dans le même rêve avec moi

PASSER PAR

Je me regarde
Regarde dans le mirroir
Traverser ce miroir
Le miroir qui symbolise le temps et l'espace
S'il te plait laisse moi partir
Je suis curieux
Je suis très confus
Qu'y a-t-il dans le miroir ?
Est-ce un monde humain ?
Et comment les choses vont-elles se passer ?

PARFUM DE PRINTEMPS

Heure tourne lentement
Causé
Mon cœur bat
Laissez-moi revenir à l'origine
Ma mémoire
Encore hier
Informations à l'écran
Comprendre une phrase
Des cordes tremblantes déjà poussiéreuses
Ce jour-là, le ciel était bleu
Le vent est clair
Étoiles scintillantes après la neige
Briller dans le monde
D'innombrables vagues persistantes
Maintenant le soleil est comme un
Papillon d'amnésie
Allongé près de la fenêtre
Ne pas danser
N'a pas apporté
Ta tendresse
Et le parfum du printemps

ATTENDRE

Ton visage
Colline silencieuse
Au clair de lune tranquille
Attendre

Je me tiens derrière toi
À voix basse
Pétrir les mots dans la brise de la montagne
Atteint tes oreilles

Parce que
Ce clair de lune brillant
C'est moi

ESPÉRER QUE

Cette nuit
Je suis au début d'une île
Regarder la marée venir
Mais silencieux
Il suffit de parcourir

Peut-être sur cette vague
Inexplicablement
Diverses bêtes
Comme les dauphins, les baleines bleues
Ils errent
Tirant la langue
Regarder les étoiles

Ferme tes yeux
J'attends juste une bougie blanche
Son tremblant dans le vent

L'HIVER EST ARRIVÉ

Entre les quatre saisons
Seulement quand l'hiver arrive
Personne ne peut oser devenir fou
C'est tellement puissant
Tout va à la rue xiangyang

Homme à la maison
Franchement
Bétail dans l'étable
Franchement
Rencontrer le vent du nord
Discuter avec papa

Je devrais prendre courage
Rédiger un roman
La neige arrive
Écrire tout de suite
Pas sauvage en hiver
C'est mal
Je sors
Prenez une gorgée du vent du nord
M'étouffer la gorge
Mais mon ciel
Mais bleu vif

MONOLOGUE

Une maison à moi
Fatigue moi
Pimpez votre propre prime
Me mettre dans une position délicate

Le sang de mon coeur
La forêt qui dort dans la croûte terrestre
Deux paires de pieds allongés
C'est la vie qui soutient mon rampement

Des fois
La tranquillité d'esprit peut sembler difficile
Faim
Repas complet
Va me faire réfléchir
Prochain repas
Que ce soit pour distribuer
Et de moisi

Les vaisseaux sanguins récents sont de plus en plus
ratatinés
L'esprit change de couleur
Le cerveau est aussi un peu rouillé et ennuyeux
Mon travail ne suffit pas
Espère parfois
Soleil collé à la peau

Cela peut me donner de la nourriture et de la satiété
durables
Et une maison

Cela peut me donner de la nourriture et de la satiété
durables
Et une maison

SE BALANCER

Une fille de l'extérieur de la ville
Vêtu de chaussures bleues et rouges
Avec boucles d'oreilles et collier
Apportez votre téléphone et votre appareil photo
Près de qianling
Rythme lent

Je ne suis pas sûr
C'est pour vendre des souvenirs
Ou parlez-lui de cet ancien mausolée
Vieille ville

Qui se promène
Je n'ose pas bouger
Elle fait confiance
Le saule au bord de la rivière
Branche de saule
En silence
A atterri
Un cerf-volant rouge
Et une pie noire

AVION

A voir en seconde mi-temps
Voler dans le ciel bleu

Dans deux arbres
Peut-être un manguier
Dans le ciel bleu entre
Volez lentement, tranquillement

Comme si le monde
Tout tranquille
Comme si tout le monde
Voir
Comme si c'était juste une brise
Souffler en silence

Je ne connais pas les gens dans l'avion
Quel genre de paysage as- tu vu?
Quel genre de monde
Dans ses yeux
Si la ville
Allongé en silence entre les montagnes et les rivières

Comme si non
Foules
Agitation de la circulation
Et les problèmes de la vie
Comme si seul ce monde

YIXIN WANG

Lentement
Se taire

RESPECTIVEMENT

Ne sois pas triste les nuits d'hiver
Parce que
De toute façon
Nous vieillirons tous

Bien sûr
La vie est comme
Champ de riz en cours de récolte
Culture par culture
Emporté
Séparément

VENT

J'ai toujours peur de ne pas pouvoir atteindre le vent
Seul avant le lever du soleil
Avant que les flocons de neige ne fondent
Avant que le gel du matin ne se dissipe
Posez vos yeux sur
Dans le plus grand arbre
Regarde toi
Fenêtre entrouverte

Mais
Tu as touché mon coeur
Cet éclat de rire
Comme une feuille qui n'a pas encore poussé
L'été dernier
Cuit au soleil
Courbé au jaune

Dans un rêve j'ai
Temps condensé en points
La journée
Le fouet du temps frappe mon visage
Un ravin
Vertical et horizontal dans une paume
Le plateau de loess qui peut flamber

A 100 mètres de moi

Vent de méfiance
Je n'ai pas tenu mon bras après tout

FOYER

Même en automne
Les feuilles ne tomberont pas facilement
Les fleurs ne veulent pas se faner facilement
L'apparence de la ville natale
Toujours en place
Inchangé
Immaculé
Pas de changement

Fronçant les sourcils sur la colline
Allongé dans un coucher de soleil
Cultures au vent
Se balançant comme des mauvaises herbes
Regarder le champ de blé au loin
Une rêverie en tête

En automne , les feuilles refusent toujours de tomber
Job refuse de partir à volonté
Non seulement pour
Pour protéger la terre pure
Est-il exempt de contamination humaine ?
Il y a un sec
L'apparence de la ville natale est scellée
Avec une ambiance de ville natale

PLAGE

Le ciel est bleu
Soleil brûlant
Brûlant la terre
La forêt en ce moment
Chuchotant toujours dans la brise marine
Attirer les oiseaux

En bas de la côte
Haute falaise rocheuse
Il doit y avoir une bonne sieste
Doux soleil
Et la brise marine fraîche

Le temps est comme un cheval volant
J'essaie de rattraper
N'a pas mis à jour
Tout l'été est fini
Je ne suis pas allé à la plage
Je n'ai pas senti la brise marine

CAPTIF D'AMOUR

Amour éthéré
Comme une pieuvre des profondeurs de la mer
Épuise tous ses tentacules
Viens me serrer fort
Ne me donne pas une chance de respirer

Amour vain
Comme un rocher d'une montagne
Épuise toutes tes forces
Dis que je m'accroche
Ne me donne pas une chance de me battre

Je suis comme ça
Amour soudain
Pour cet amour éthéré
Amour vain
Attrapé
Transformé en elle
Prétendants

JE NE T'AI PAS VU DEPUIS LONGTEMPS

Êtes-vous ok
Toi qui es loin
Tu es comme moi
Chassant aussi le soleil levant

Où es-tu
Toi qui es de l'autre côté
Tu es comme moi
Vous recherchez également ce soupçon de parfum sombre

Tu le savais?
Je t'ai attendu
À un certain carrefour
Certaine rue
J'espère te rencontrer

Je pense
Ce doit être un après-midi d'été
Nous nous rencontrons à l'improviste dans le vent chaud
Je ne te dirai pas
Salut
Je dirais

YIXIN WANG

Je ne t'ai pas vu depuis longtemps

NUIT SOMBRE

Utilisé pour
Dans le monde sombre
Pour trouver le silence de l'obscurité

Oui
Ce monde
Pas de soleil
Pas de clair de lune
Pas de lumière des étoiles
Globalement
Seulement
Juste une couleur
Ne peut être que noir

Parce que
La nuit est la seule éternité

CERNES ANNUELS

L'arbre dessine des cercles sur son propre corps
Calculez votre âge
Il a formé ses propres anneaux
Nous dessinons aussi des cercles sur nos cœurs
Dessinez des cercles sur votre front et dans les coins de
vos yeux
Dessiner nos propres bagues

Du printemps à l'automne
Combien de jours et de nuits se sont écoulés ainsi
Combien d'épisodes du passé sont éparpillés ainsi ?
Le ciel est encore bleu
La terre est encore grise
Le coffre tient toujours
Et toi, tu as déjà grandi avec les anneaux de croissance
A disparu sans laisser de trace

FLORAL

Je n'ai jamais pensé
Comme une fleur
Elle va pleurer aussi
Aura le coeur brisé

Ben j'avais tort
Je l'admets
Chaque fleur a
Parfum différent
Paysage étrange

RIVIÈRE JAUNE

Fleuve jaune , un fleuve aux couleurs vives
C'est épais, intense et débridé
Il hérite pleinement de la rudesse des dynasties wei et jin
Tout a hérité de la romance des dynasties tang et song
A éclaboussé les vagues des cinq dynasties et des dix royaumes
Il a également révélé le fer à cheval donné de l'empire du yuan
Témoigne pleinement de la nation chinoise
Des milliers d'années d'histoire lourde

C'est vrai
Ce n'est pas comme des nuages dans le ciel
Si délirant
Pas comme un arc-en-ciel après la pluie
Si facile
Est un vibrant
Puissant, croissant
Histoire vivante

NUIT TRANQUILLE

Un étang de la baie
Quelques poissons d'or
Restez serein dans l'eau
Tenir avec la bouche
Lune et une chaîne d'étoiles

Puis a nagé jusqu'à
Façade sombre
Les profondeurs de la nuit

En cette nuit calme
Un rêve
Sur le point de commencer

REGARDE LA LUNE CE SOIR

Il vient de pleuvoir du ciel
Toujours ensoleillé
Aujourd'hui ne fait pas exception
C'est une nuit sans nuages
Mais pas d'étoiles
Parce qu'une lune brillante est suspendue dans le ciel

Croissant de lune
Comme une chanson bruyante
Déranger mon coeur
Rends-moi incapable de me libérer

Je veux voir la lune ce soir avec toi

RAPIDE OU LENT

Un arbre
Étirez lentement le vert
Six mois plus tard
Obtenez un peu plus de jaune
L'arbre a beaucoup grandi
Saisir la tête de la personne
Laissé derrière

Un arbre suit les gens
Arbre rapide
Les gens sont lents

LA ROUTE

Des empreintes comme des gouttes de pluie
Pulvérisé partout
Saute sur les empreintes de lèvres laissées par la poussière

Un autre rêve dans les champs
Comme le blé
En attendant la chute
Moisson d'or

Le soleil à cette heure
Plus vieux
Le soleil que tu as lavé avec des larmes
Mélancolie, froid

Birdsong comme des pistolets à air
Type de clous qui jaillissent
Par pièce
Se battre pour entrer
Mes terminaisons nerveuses
Cellules les plus sensibles

Mais je ne peux toujours pas voir
Le chemin sous les pieds
Où

FEUILLES MORTES

Feuilles tombées dans les montagnes
Le soleil a frappé
Imprimé sur loess
Devenir flou
Entre les feuilles
Il a un
Une façon unique de discuter
Aussi longtemps que vous pouvez comprendre
Peut avoir beaucoup
Nouvel ami

FEUILLES VERTES

Se balançant dans le vent
Sauter sous la pluie
Sous l'ombre fraîche
Écoutez les suppositions des gens sur l'avenir
Dans le vent du début de l'automne
Ondulant avec des oies
Dis adieu à l'été

Bien que peu disposé
Ne voulant pas être comme un papillon flétri
Dérivant doucement à travers le champ avec le vent
Mais je devrais être heureux
Le prochain printemps
Je me balancerai à nouveau sur les branches

UNE LETTRE D'AMOUR

Enfance
Il y a un petit pont devant la porte
Gargouillis d'eau sous le pont
Morceau de feuilles mortes
Rafting
Ne trouverez jamais votre propre maison
La voiture est trop lourde
Chargement de la lettre sans fin
Et la nostalgie de la distance
Vous voyez , les fleurs ne fleurissent pas pendant la saison
chaude du printemps
Mais j'ai fini

À présent
Les sentiments ne sont plus perdus
Tu me manques beaucoup
Malheureusement , la jeunesse est ignorante
Regarder en arrière
L'eau est épuisée , les feuilles mortes sont comme la terre
Je suis jeune
J'espère que ta jeunesse ne s'est pas trompée
Allons-y
Je te souhaite du bonheur

POUR LE LEVER DU SOLEIL

Lever du soleil
L'aube arrive
Avant l'aube
Debout près de la fenêtre
En regardant vers l'est mystérieux
Regardant la dernière nuit tranquille et l'obscurité
Tracez une ligne verticale
Exprimer mon bonheur
Tracez une autre ligne horizontale
Représente ma douleur

MARCHE

Je suis en fin de printemps
Marcher dans le vent chaud
Sombre derrière
Me poursuit

Cette rue familière
Quelqu'un m'a souri et a hoché la tête
Cette saison
Tout fonctionne à nouveau
Une feuille morte de l'année précédente
Tomber gracieusement
Le suivant , j'ai vu une nouvelle lune
Je ressens la gentillesse du monde envers moi

BEAU

Pour la beauté, les gens courent après
Cependant, plus le désir est fort
Les personnes les plus impuissantes
Je ne peux pas juger
La taille d'un petit matin
Parce que c'est complet et beau
La rosée et le soleil levant sont assez brillants
Donc je ne suis pas inquiet
La décoloration des bonnes choses
Et le désespoir qui s'estompe
Je me concentre uniquement sur la simplicité et la beauté
Pour la beauté
Flèche dans ma main
Conduire mais pas

RÊVE

Chaque nuit
Quelqu'un va rêver
Dans un rêve
Contenir l'éclatement de la réalité
Et les fantasmes du jour
C'est la beauté implicite de toi et moi
Dans un rêve
Enchâssé dans l'ivresse du ciel
Tendresse avec les anges
Ce sont mes larmes de joie avec toi
Dans un rêve
Chuchotant la lueur de la région
Et les changements du passé au présent
C'est moi et tes larmes impuissantes
Quand reviendra-t-il
Tendresse dans un rêve
Quand reviendra-t-il
Poussière de la ville natale
Priez pour le retour du sommeil

SECRET

Le vent bat fort contre les branches
Faire la pluie qui accroche le bout des feuilles
Tomber ici
Soleil brillant bloqué
Les traces de ta visite d'hier soir

Rêver, cacher
Trois vies trois mondes ten mile peach blossom
Evitez les yeux des oiseaux
Et oreilles de chat

Par la fenêtre, ton secret enfoui au plus profond de la terre
Ça m'inquiète
Sera perdu

MURMURE

Dans la journée
Tout
Ils font des bruits fous
Télé, téléphone portable, patron
Voiture, voisin, cuiseur à riz
Il y a même des gens qui sont tellement désespérés
Discuter

Heureusement c'est la nuit
La nuit
Encore relativement calme
Juste de doux murmures

Ce n'est qu'alors que tu pourras écouter
Voix de l'esprit
Alors
Et tous les autres
Commencez à rêver

CÉLERI

Je tiendrai un bouquet de fleurs
Ce seront des œillets
Sera pivoine
Ce sera du jasmin
Mais plus souvent
Je tiendrai une poignée de céleri
Tenir un sac en toile
Quittez le magasin rapidement
À travers le flux de personnes

Minuscule
Magasin de moins de dix mètres carrés
Comme un monde
Me fascine
Les artisans ont toujours
Parler à voix haute
Action fluide
C'est un compliment pour toi-même

Et je tiens une poignée de céleri
Sur le chemin
Comme si
Un regard sur les secrets de l'être humain
Apprentissage de la politique et du pays

NEIGER

L'esprit de cet hiver
Cet esprit pur
Chaque fois que le temps devient froid
Apparaîtra aux yeux du peuple
Clair comme de l'eau de roche

Pourtant c'est le cauchemar des fleurs
Vole le romantisme et la splendeur des fleurs
Fleurs fanées
Jusqu'à ce qu'il tombe
Dans la poussière

RÊVE

Tôt le matin
Brumeux
Première mère à cuisiner
Père sur la forêt
Il constitue une nature morte peinture à l' huile
Geler dans mon esprit
Durable

Faire un rêve
Le manoir manque d'avant-toits
Herbe haute sous la maison
Père remplit une demi-lune dans un réservoir d'eau
Accompagné d' un poisson rouge
Collecte commune

J'ai poussé la fenêtre
Comment sauter en parachute dans un rêve
Briser le rêve
Devenir un rêveur

Papa m'a tapoté sur l'épaule
Laissé un bocal à poissons
Dites adieu uniquement avec des bols en argile
Perdu au pied de la montagne

JEUNESSE

Temps ne revient jamais
Souvenirs qui s'érodent lentement
Le passé filtré par les années
Les secrets enfouis dans le temps
Les mots gravés par le couteau sur le bureau
Ces examens inachevés
Ces camarades

Je recule
La foule sans toi
L'appel passé
Un peu cassé
Avec les étapes
Transformé en rien

J'ai mis toutes les fleurs
En passant le temps
Profond d'amour
Je suis comme un gamin du nord maihaili
Pour toujours de race dorée
À des kilomètres
La poésie devient lointaine

SURVIVRE

Réverbères froids le matin
Te projetant si faible
Son swoosh
C'est le souffle de la ville nocturne
Je vois déjà
C'est le mandat de la vie
Il méprise chaque âme avec arrogance

Dans les nuages
Première lumière
S'introduire dans les maisons des gens
Réveiller le corps endormi
C'est le mandat de la vie

Tu as un balai
Assis dans la rue
Regarder couler la rivière
Regarder la prospérité
Pour vos enfants
C'est le mandat de la vie

Capital de survie

FLEURIR

Deux heures, dans une forêt
La voiture avance lentement
Un poirier en fleur , illuminé
Passion de vous rencontrer

Temps
Comme une vieille voiture
Chargé de déception
Sur mon front
Rouler l'un après l'autre cangsang

Coucher de soleil aujourd'hui
Si je ne peux pas te voir
Caché dans l'ombre du sentier luoying
Cette rangée de poiriers , juste
Suspendu avec des lignes de poésie solitaires

QUINZE ANS

Si le temps peut
Inverse
Quand je te vois
Je deviendrai
Quinze ans
Un lycéen

Je serai
Ton miroir
Laissez- vous me regarder
Pour te sauver
Aspect d'origine
Et l'esprit de l'enfance

Quand ils deviennent forts
Je deviens faible
Mais à la fin, nous serons ensemble
Comme quinze

Temps passe vite
Le soleil et la lune
La vie
Si court
Au revoir

TEMPS

Un bateau de croisière
Nagez tranquillement dans la rivière du temps
À un carrefour
Il a jeté son ancre
Mais il a accidentellement touché le nœud temporel
A cet instant, le temps s'est arrêté
Une libellule a été capturée à ce moment
Geler

Les curieux
Toujours le long de l'ancre du temps
Pour trouver un espace calme
Avec un avenir confus

LE PLAFOND

Toit couvert de fragments
Coucher de soleil brisé
Balustrade rouillée
En deux et trois
Quelques vieux corbeaux sont debout

Ciel bleu et nuages blancs au loin
Déjà teint en cramoisi par le coucher du soleil
Plusieurs moineaux volent dans les airs
Qui a formé ce livre rouge
Quelques poèmes
Vieux tessons et corbeaux sur le toit
Il semble également correspondre à la scène
Transformé en quelques ornements
Ponctuation

GARDIEN

Vent, hurlement
À mon cœur
Réveille mes souvenirs chaleureux
Comme une branche tordue
Trembler, trembler
Je suis inquiet
T'inquiète, les nerfs de la terre
Tiendra pas
Déchirure sauvage

Étoile, sombrant dans la solitude
Endroit le plus profond
Espace le plus sombre
Comme toi
Coeur de torrent débridé
Frapper lc temps
Falaises gelées

Mais moi
Avec des gouttes de rosée des deux yeux
Garde scintillante
La saison qui a déjà viré au jaune
Poésie que tu as laissé derrière toi

FAIM

Entendre parler des animaux
Si vous avez faim
Sera
Faim

Un coq affamé
En permanence
Se cacher dans le poulailler
Cueillette dans une assiette d'œufs au plat

Un mouton qui n'a pas mangé depuis plusieurs jours
Dans le désert
Croquer dans un gigot d'agneau au cumin

Dans lequel ils jouissent
Comme pour dire
Si loin à travers l'océan
Bras de vénus
Seul
Manger lentement

PENSER

Pièce d'un dollar
Vomi
Élaboré
Une belle parabole

En descendant
Ont pensé
Comment puis-je
Impartialement
Debout en place

DÉBARRASSEZ-VOUS DES PROBLÈMES

Coeur calme
Toujours parfois
Vous vous sentirez bouleversé
Ressentir les difficultés
Ressentir la douleur de la vie
Sentir que tout va mal

Chaque fois
Je veux me changer les idées
Compter avec soin
Alors trouve le problème
Enlever
Cependant, ce n'est pas possible
Parce que les problèmes sont comme des signes psychologiques
Plus vous insistez sur la suppression
Plus tu te souviens

BEAU TEMPS

Ce printemps frais
Toi mon chat
Mon coeur
Aussi simple que cela
Accidentellement
Tranquillement
Disparu
Vous n'avez pas de préavis
Pas de dernier mot
Juste aller
Au monde heureux
Tu es parti
Deviendra-t-il une oie solitaire ?
Par-delà les montagnes
Trouver la mer
Tu es parti
Va-t-il se transformer en lotus blanc ?
Peu importe les frais
Fleurir en hiver
Tu es parti
Parti comme ça
En ce mois de février
Avez-vous d'autres aliments
Dîner inachevé

PANNE ÉLECTRIQUE

Civilisation moderne
Être esclave de l'électricité
Sans liberté
Sans électricité
Choses à faire
Pauvre petit

Temps sans électricité
Les gens ne peuvent s'asseoir que sur des chaises en bambou
Passer du temps ennuyeux
Secouer le ventilateur
En regardant le ciel, les nuages blancs, les étoiles

Lune silencieuse
Vaporiser les rues
Les chuchotements et les rires des gens se sont répandus
Pas de vent
Mais c'est quand même super

Groupe d'enfants jouant
Escalade et pataugeoire
Toucher les nuages
Pêcher en rivière
Couru à travers la porte
Parmi eux moi

PRENDRE UNE PHOTO AVEC LA LUNE

Réellement
Agité à l'époque
Plus que la lune
Sans finir
Je te demande de le garder pour moi
Garde-le pour moi pour toujours

Photo du temps qui coule
Prenez-nous du protagoniste
Devenir un rôle de soutien
Progressivement
Est devenu un figurant

La lune est belle ce soir
Merci
Adieu

AMOUR INACHEVÉ

Coeur flottant
Vide
Je ne peux pas trouver
Où s'arrêter

Rugissement du vent
Une aiguille
Flèche par flèche
Souvenirs brisés
Je ne peux pas le sortir

N'oses-tu pas attendre
Coin
Cet écart grandit
Le printemps
Aux fruits

Suivez la direction des feuilles mortes
Retrouve ton dos
Comprendre un mot
Amour inachevé
Livrer la fleur de pêcher

TOUTES CHOSES GRANDISSENT

Rangée de pêchers
Économisez la chaleur du jour
Profiter de la lumière du jour
Mais seulement ouvert
Os de fleurs sporadiques
La journée
Ils sont comme les humains
Faire semblant d'être le même
Seuls enfants
Être curieux
Demander à grand-père

Un ancien
Il dort toute la nuit
Écoute le ronronnement des pêchers
Faire pousser des fleurs de pêcher
Alors il dit aux enfants
Seulement la nuit quand tout est silencieux
Toutes choses poussent

ENFANCE

Parler de l'enfance
Devant toi
Rempli de carrés de couleur
Et des images colorées
Comment ouvrir une boite
Comment lire un bon livre
Grimper à l'arbre pour déterrer les œufs

Parler de l'enfance
Seuls les chiens têtus ne peuvent pas diriger
Tiroirs impossibles à fermer à la main
Enfance
Dès la sortie de la boîte
Déborder, fuir
Ne reviens jamais

FILLE CALME

Ta tendresse
Comme une brise de mars
Comme la rosée de mars
Dissipez la désolation dans mon cœur
Hydrate les fissures de mon cœur

À l'ombre du couchant
Tu es toujours en paix et seul
Silencieux
Dis-moi sans dire un mot
L'endroit où les feuilles mortes sont colorées
Avec ta douleur

MOUSTIQUE

Peu importe ce que tu es
Quel cri
Quelle action
Quel genre d'attitude
Même si vous avez dit un "Diamond sutra"
"Monde ordinaire"
Interprète "Ode à la joie"
Je n'ai jamais jamais
Laissez-vous lécher
Mon sang transpire

MON CHIOT

Il fait froid
J'amènerai le chien
Le chien est petit
Je n'ai jamais vu le monde
Comme rien
Peur de tout
Une forte chute de neige
Façonné un monde enveloppé d'argent
Que le chiot ne trouve pas le nord
Crier partout

Il se cache chez lui au moyen-orient
Cacher un moment
Cache toi ailleurs
Amusez-vous à jouer
Je sors et ça m'atteint
Je ne peux pas rappeler

Peu importe ton âge, tu es toujours mineur
Je suis ton tuteur pour la vie
Je veux que mon chien ait une belle vie
Vivre une vie heureuse
Arrêtez de vous soucier de la nourriture et de la chaleur

MA PLEINE LUNE

Tiens bon
Contenir la douleur
Ne la quitte jamais
Débordant de mes yeux
De rien

Je marche toujours sur la pointe du couteau
Aussi élégant que ta chaleur
Alors que les fleurs s'épanouissent dans la rue
Envoi d'une autre année de la lune brillante

Monter à cheval sur le pont
Le parfum du lotus des neiges
Dans le thé
Un moment de tranquillité

Regarder derrière
Ton dos est loin
Je me suspends à la branche
Pleine lune à l'encre jaune

SANS SOMMEIL

Ecriture imparable au milieu de la nuit
Comme les feuilles imparables en automne
L'un après l'autre
Saupoudrer partout

Cette nuit
La lune est brillante et les étoiles sont rares
Aucune interférence de soie et de bambou
Sans préoccupations
Juste pour écrire
Tu n'as pas à dormir

RÊVER

Peut-être pleurer dans le futur
Peut-être aussi heureux
Peut-être triste
Peut-être ennuyé
Mais maintenant nous
Toujours en train de profiter
Adorable au soleil
Romance de printemps
Crème hydratante pluie d'été
La désolation du vent d'automne
Silence de neige d'hiver

Pluie de fleur d'abricot
Comme éthéré
Jasmin
Existant et illusoire
Pluie qui ne peut pas être attrapée
Ce sera humide
Rêve parfumé

FRAUDE

Regarde ce visage laid
Ce regard sinistre
Ce son dur
Ce corps maigre
Ce comportement de marionnette
C'est un menteur

Un menteur
Peu importe la réputation
Tu te fous de la morale
Il ne pense qu'à son portefeuille
Seul l'argent méchant compte
Et j'étais sain d'esprit
La fraude comme profession
Et le promouvoir
Avec cette profession honorer les ancêtres

CIGARETTE

Une grosse cigarette lourde neuf
Silencieux dans une boîte à cigarettes
A refusé de sortir

Un fumeur
Jeter la cigarette
Mais je ne peux pas le sortir
À la fin
L' étui à cigarettes
Au coin de la bouche
Cracher des anneaux de fumée noire et bleue

RAPPELLES TOI

Gravissez la montagne et allumez le feu
Soudain découvert
Il semble y avoir quelque chose
De l'ombre des arbres
S'est envolé pour
Une ville aux lumières éparses

J'aimerais juste respirer
Air chaud
Chercher
Regarde les étoiles
Rappelles toi
Le feu s'est reflété dans
Nos jeunes visages
Maintenant cette fois
Ça fait longtemps
Il fait beaucoup

En ce moment, dans la vallée
Oiseaux et fleurs

PETITE COUR

Pluie de printemps pendant la nuit
Le noyau de jujube généralement enterré a été déplacé
Un jujubier émerge
Ma mère aimait certains arbres, laissez-moi les garder
Reste avec moi

Dans la cour, elle devient trop folle
Ma mère et moi
Ne parlez pas, nettoyez
Le soleil vient d'atteindre le mur occidental
Ciboulette sur le mur ouest
Maman et moi prenons soin

LETTRE

Une carte
Traverser la mer
Par-delà les montagnes
Il a connu quatre-vingt-dix-neuf-quatre-vingt-onze épreuves
Enfin arrivé

L'arrivée de la lettre
Vieux rabatteur alarmé à l'extérieur de la maison
Quelques lignes d'écriture au crayon
Tirant toi et moi
Être attentif
À l'extérieur de la porte se trouve une route de montagne escarpée
Je suis une personne ordinaire
Juste pour un symptôme
Un sentiment
Changer de vêtements rapidement
Entrepris un voyage

NOUVELLE LUNE

Route sombre à la maison
Plein d'échos de pas
En regardant le ciel , la nouvelle lune

Quelqu'un m'a bousculé
Dit-il:
"En avant, il y a une terre aride !
Reviens me suivre "
Je regarde le ciel
Regarde la nouvelle lune
Rejet de sourire :
"Non, je cours après la nouvelle lune "
Le passant a secoué la tête et est parti seul

Après son départ
Brise fraîche derrière moi
Traîné, au bruit des pas

ETOILE

Personne dans la maison
Personne dehors
À l'intérieur et à l'extérieur
Calme, sombre
Le silence
Je suis sur le toit
Compter les diamants sertis dans l'ombre
L'arbre et le vent ne bougent pas
Il semble geler l'image
Je compte les étoiles dans le ciel
Se sentir rassasié et heureux
Heureux

NUIT ÉTOILÉE SEUL

Le long de la forêt, l'herbe, les parterres de fleurs
Je marche seul
Baigné de lumière étoilée
Regardant la rivière devant
Arrête et écoute
Le bruit de la rivière qui clapote sur le rivage

En cette nuit venteuse
Je veux juste être seul
Tranquillement, doucement
Conversation avec les étoiles

FEUX D'ARTIFICE

Grand coude de la rivière
Des vagues choquantes frappent le rivage
L'eau coule vers l'avant
Je suis à la fenêtre
Écouter le roulement de l' eau

Regardant de l'autre côté de la rivière
Ce soir, quelqu'un a allumé un feu de joie
Regarder le feu de pêche à l'érable de la rivière
Dormir

Entre nous
Feu d'artifice et brouillard
Silencieuse et gelée
C'est ici
Ecoute le temps couler lentement
Regarder l'espace s'étendre
Jusque tard dans la nuit
Regarder les feux d'artifice de l'autre côté
Sans sommeil

COMMUN

Le temps n'est pas long
Pas court
Mais peu importe le temps qu'il fait
Je ne peux pas comparer
Un jour ordinaire

Un jour ordinaire
Confortable , calme
Vieille chemise avec un coin mouillé
Papier flou
Écorce d'orange séchée
Encore parfumé

Fenêtre oignon
Chlorophylle sur la fenêtre
Quand les pages d'un livre deviennent-elles grasses ?
Les rideaux ont perdu leur couleur d'origine
Le vase est vide depuis longtemps

Sel diesel
Journée normale
Un jour ordinaire

ÉTOILE ET LUNE

Grande nuit
Nuit silencieuse
Une étoile
Assez pour l' allumer

Une sorte de dame
Une sorte de mémoire
Partir ce soir
Lune brillante
Ombre en trois

ELFE

A manqué de vin
La fumée que tu exhales
Tourner en cercle
Monter
Ses sourcils sont levés vers moi
Ses yeux regardent dans mon coeur
Son sourire a volé dans mes bras

Un monstre a volé mon coeur
Volé mon cœur

Il porte un masque peint à l'huile
Charmant
Danse à manches longues
Exquis
Elle a enlevé ses couches de déguisement
Température corporelle froide
Innocent comme un enfant

Elle est pittoresque
Yeux flous
Elle a donné son propre baiser
Ça m'a aussi ouvert le coeur

Il n'y a rien là-bas
Il y a du silence
Il fait froid et calme

Elle est riche en couleur, dans une robe chinoise
Il a mille couches de masques et de camouflages
Quand elle est venue
Figure charmante, toutes sortes de styles
Quand elle a quitté
Aucune restriction, facile à transporter

Elle est une voleuse

A manqué de vin
La fumée qu'il exhale monte en rond
Ses sourcils sont levés vers les autres
Ton sourire vole dans les bras de quelqu'un d'autre

BALCON

Je suis allé au balcon
Ouvrir la fenêtre
Le soleil
Il y a une brise
Les montagnes sont aussi
Ciel bleu aussi
Les oiseaux sont là
Le bruit du gargouillement de l'eau est également

Mais je ne suis plus

FEUILLES DE PAPY

Grand-père a un passe-temps
C'est cacher tes mains dans les nuages
Jusqu'à ce que le vent soit clair et les nuages clairs
Faire regarder les gens
Comme des fruits frais sur une montagne
Scintillement dans le feuillage
Grand-père a dit qu'il vieillissait
Transformer en feuille
Soufflant avec le vent
Si vous avez la chance de flotter dans le puits
Puis dans le puits
Attendre tranquillement

Puis, un jour
Je suis retourné dans la ville de mon grand-père
Au fond du puits
Chercher
Voir une feuille
La foudre dans l'air
Tomber lentement
Aller au puits
Précipité pour le ramasser
Prends-le, ne lâche pas
N'abandonne jamais

FLEUR SAUVAGE

Une fleur sauvage inconnue
Assis tranquillement dans l'herbe
Avoir une belle couleur
Logo unique que dieu a donné
Tu devrais être fier de ta beauté
Mais malheureusement, il n'est pas loué par les gens
C'est juste une petite fleur inconnue
Je ne sais pas quel vent
Apportez-le ici
Très chanceux
Mais pas satisfait
Les passants
Il y aura toujours un moment où le coeur battra plus vite
Après
Passer par
Ne jamais te revoir

UN LIEU

Prends le temps entre nous
Hacher un peu
Je devrais être capable de
Aménager un lieu
Et cet endroit
Juste pour toi et moi

Là
Nous ne parlons pas
Pas bruyant
Nous partons
Ou assis
Tout au plus, mais souriez-vous l'un à l'autre
Prendre soin doucement
Est assez
Même toute notre vie
Tout sur la plage est ruiné
Même si notre destin est
Vaste, vaste, turbulent
Profond du pacifique

UNE PISCINE D'ÉTÉ

Je viens du vaste pays du nord
Dépêche -toi
Sauve le clair de lune jusqu'au bout
Continue de rêver

Pour ouvrir la porte
Eau fraîchement bouillie
Tu te lèves
Étiré
Bâillement

Je te demande
Cet été dernier
Maintenant tu reviens ?
Tu pointes la porte
J'ai suivi
J'ai vu une piscine
L'eau de la piscine
Les feuilles de lotus fanées sont pittoresques

À vous de me dire
L'été est là
Y a-t-il une piscine en été

MENDICITÉ

Il est en lambeaux
Faim
Tenant un bol cassé
A genoux dans le centre-ville animé
Voix pieuse
Mais c'est toujours couvert par le bruit du monde

Bien que le vent froid
Les gens ne peuvent pas prendre soin d'eux-mêmes
Ou tout simplement trop paresseux pour faire confiance
Il y aura toujours quelqu'un avec des yeux doux
Lancer une pièce
Mettre dans un récipient vide

FEUILLE

J'ai ramassé une feuille
Regarder à gauche regarder à droite
Vouloir des veines
Du passé au présent
Après
Tu m'as donné le monde entier

NAGER PRÈS

La lumière du soleil à travers les feuilles
Imprimé au sol
Former divers motifs
Ennuyé des deux côtés de la rivière
Surchargé
Dans un cri
A nagé un
Voiture électrique sans maillot de bain
Ramé anxieusement
Gens loin
Regardez cette voiture déraillée
Plein de curiosité
Beaucoup de discussions
Mais personne n'a remarqué
L'homme qui se noie

ÉTERNEL

Les gens aspirent à l'éternité
Cependant, les choses sont imprévisibles
Jusqu'à la fin
Ce ne peut être que de la boue
Nous maintenant
Aussi du sol du passé
Peut-être qu'est-ce qui fait tes bras fins
C'est le corps d'un grand homme

La journée à venir
Toi, moi, lui et elle, et ça
Reviendra sur terre
Parce que la saleté
C'est l'éternité

UNE VIEILLE CHANSON

Une vieille chanson
Rejouer
Dans mon coeur
Une tempête

En même temps
Dans mon rêve
Lumière des étoiles scintillante
Saisir le clair de lune
Pêche au soleil

POUSSIÈRE

Poussière, silence
Cache-toi dans le coin
Ancré dans la vie
Rester dans l'ancien temps
Dépoussiérer à l'infini

Voir poudre
Pense à la lumière
Pense au soleil
La poussière ne doit pas les toucher
Ne peut rester que dans les coins sombres
Accompagner le passage des années

SA ROMANCE

C'est une romance qui n'appartient qu'à une seule personne
Libre de rien
L'imaginaire de l'esprit
En forme de
Une ombre consentante
Puis courir comme un fou
Désespérément en avant
Libérez toute l'énergie de votre vie
Perdre du temps
Mais à la fin rien n'a gagné
C'est déjà prédestiné
C'est juste un rêve vide
Un rêve éthéré

TRISTE

C'est un poème triste
Parce que ce sera à vos frais
Vends toi
Magazine s'en aller

Le poète qui a écrit le poème
C'est triste
Parce que
Il rédigera un
Poème intitulé "Pain"

SOUVENIRS D'ENFANCE

J'avais dix ans, les vacances d'été
Aller à la librairie tous les jours
Lire quelques livres préférés
Comme la fiction militaire

La nuit
Il fait un peu froid, je vais me coucher
Maman appelle
Tirez sur les moustiques dans une moustiquaire

Pendant qu'il dort
Le ciel est clair
Extrême orient
Gueule de poisson blanc
Regarder l'horloge
Seulement cinq heures
Maman a crié depuis la cuisine :
Viens manger de la bouillie aigre
En parlant de ça
Je peux le sentir
Lumière tamisée du matin
Cette odeur de bouillie aigre-douce

LIS

Un enfant
Se tenir debout et lire dans la chambre
Haruki murakami
"Kafka sur le rivage"

Une émotion transformée en chiot
Se cacher à l'est
Aller-retour dans le salon
Déplacer
Chouchouter le professeur

Côté chiot
Lien avec le renouveau de la littérature moderne
L'autre extrémité est reliée à la fenêtre du sol au plafond
Bloquez la brise d'été

NUIT PLUVIEUSE EN ATTENTE

Par une nuit pluvieuse
Sans lumière
Le vent n'écoutera pas
Les parapluies ne se soucient que de leurs propres combats
Les rues ne sont pas seulement difficiles
Et boueux

Elle a dû
Attendre en silence
Regarde cette petite fenêtre
Attendre un homme
Attendre une lumière

PLUIE HURLANTE

Dans un jour de pluie
Une goutte de pluie
En automne
Clameur :
Jamais jamais _
Ne jamais faire de compromis
C'est le destin
Après cela, il a frappé mon toit
Faire du bruit
Cela m'a surpris , m'a réveillé du sommeil

CONVENTION

Combat acharné
Voir avec gourmandise et évasion
Les hommes et les femmes comprennent
À tout moment
La vie sera si moche

Ce combat n'est que le début
Sans fin
Mais la fin est une promesse
Un accord sincère
Quand les lanternes sont apparues pour la première fois
Le rêve qu'ils ont fait ensemble
Il se rejouera dans ma tête
Je reviendrai ce soir

Et puis les lampadaires s'endorment
Lever du soleil
Finalement
Ville éveillée

DESTIN

S'il y a une telle nuit
Je marche tranquillement dans le parc
Et tu peux te tenir dans l'étang de lotus
Envoie ce grain de vie passée
Le parfum qui m'a dépassé
Alors dans mes yeux
Le sourire le plus doux
Ça doit être tes yeux et tes rêves

Comment
Tu es toujours trop tard
Ou suis-je arrivé trop tôt
Fais toi et moi
Epaules toujours furieuses

DIT LA PLUIE

Utilisé pour écouter
Dit la pluie
Lune sur nuage
Soleil sur la lune
Il y a des étoiles dans le ciel

La pluie signifie que les arbres seront plus verts demain
L'herbe sera plus fraîche demain
Beaucoup de fleurs sont sur le point de fleurir
Une centaine de fleurs s'épanouissent

La pluie dit qu'il est tard dans la nuit
Calmes
Je devrais penser à ces gens
Ces choses
Ces vérités

La pluie en dit long
Mais
Je fais
Rien à dire

TRISTE

Tristesse soudaine
Alors que le vieux puits dans l'arrière-cour devient
trouble
Comme un vent froid soufflant froid et sombre
Marcher seul dans la ruelle
Contre le mur
Pierres froides et humides
Brillant frotté par d'innombrables semelles

Ferme la porte
Voix parasites restent dans la maison
L'air froid reste à l' extérieur de la porte
La douleur reste dans mon coeur

Tristesse est une piqûre
Lève ton coeur
Coulé à nouveau

BRÛLURES

S'il vous plait détournez le regard
Ne brûle pas
Fleurs de cerisier
Sourire brisé

Leng yan, comme ton esprit
Caché dans un coin de la saison
Tentacules minces
Toucher
Pêcher se trouvant sur le mur
Avec fleur de lotus
Histoire de rencontre

Toi et moi
Jamais croisé
Distance de l'hiver à l'été
Tenir un parapluie
Entrez dans l'étang de lotus de pluie brumeuse
Étamines infiltrées en sanskrit
À présent
Je veux juste
Accroupi sous l'arbre, ramassant des fleurs tombées
Haricot vert en conserve
Planté sous l'arbre

PALMIER AU ROYAUME

Je suis comme dieu
Voir paisiblement le monde dans la paume de votre main
J'ai vu
Il y a des montagnes
Pointes continues sur les cinq doigts
Il y a des rivières
Galopant dans les veines de la paume
Joindre les mains
Tenir un monde
Étendu
Le monde s'étend du bout de tes doigts

FAIRE L'ÉLOGE
DE TOUT

Tout est louable
Incomplet et incomplet
Comme un croissant demi-crochet
Se sentir toujours insatisfait
Il faut louer l'inachevé
Louez les fleurs restantes et les saules
Louez le ciel brumeux
Louez le gangster voleur
Louez la saleté du monde
Parce qu'ils nous font comprendre
Mensonge trompeur
Parfois
Plus proche de la réalité

FÊTE DE LA MI-AUTOMNE

Une autre fête de la mi-automne
En regardant le palais de la lune
Me rappelle la légende d'il y a des milliers d'années
Mettre de côté
Arbre dans la cour
Devient laurier
Belle propriétaire de l'extérieur de la ville
Fugue
J'ai aussi des lapins
Des yeux rouges
Je ne sais pas
Prendrez-vous des médicaments ?

Dans cet endroit reculé
Un jour ordinaire
J'attends que la pleine lune apparaisse
En attendant l'arrivée de la fête de la mi-automne

LA NUIT DERNIÈRE

Nous sommes ennuyés
Regarder le lever du soleil ardent dans le ciel
Paresseux légèrement gras
Dans le même temps, collecter
Laissé par les ivrognes
Un désastre
Quand le soleil brille à travers les nuages
Nous nous arrêtons agités
Le temps semble s'être arrêté
Cela fait quelques années
Seulement entendu
Vent soufflant doucement
Et un soupir

PAYSAGE D'HIER

Elle a traversé cette ville sombre
J'ai encore traversé ce pont brisé
Le pont est le ciel sale
Sous le pont est la rivière à sec
Déchets entassés en bordure de terrain
L'odeur de la pourriture est partout
Les voitures qui passaient soulevaient des nuages de
poussière
Les feuilles vertes d'un gris foncé
Faites qu'il ne soit plus frais

Demain la nouvelle route craquera
Demain il y aura plus de déchets
Demain les jeunes deviendront vieux
Demain, les fleurs épanouies se faneront
Demain les feuilles vertes rétréciront
Demain tout aujourd'hui
N'existera pas du tout
Tout va bien
Tout était hier
Je suis assis sur une branche de feuilles vertes
Regarde la poussière
Assis et regardant le cours de la vie
Rire des gens

LE DERNIER JOUR

Comme une flèche
Voler par
Coup de galop du fleuve jaune
De la falaise du coeur
Chute rapide

Fleuve de vie
Est apparu
Les vagues de mon destin
Oui
Suivez votre adresse
Ira-t-il ?
Dériver vers où

Programme
Encore deux tours
Ta dernière feuille
De mon arbre de vie
De plus en plus loin
Jusqu'à ce que tu vois

En regardant en arrière , le chemin que j'ai tracé à mains
nues
Menant à , recueillant le parfum léger résiduel
Comme un
Pour les cloches de 2017

SOI MÊME

Qui suis-je
Je me suis perdu
Je suis terrifié
Réveillé d'un rêve
Partir en voyage
Retrouver le moi perdu

Nuit
Profond , solitaire, sombre
Pas de starlight , pas de compagnon
Il n'y a pas de manière
Pas de devant
Seulement le coeur
Saut d'étincelle

Traverser la montagne
Sur la profonde vallée
L'obscurité se retire tranquillement
La lumière renaît dans l'appel
Dans la lumière du matin
Je vois le moi perdu
Debout souriant

À LA VILLE

Je suis cette route du désert
Va lentement
A travers les faubourgs boueux
À travers le banc devant
J'ai caressé la saleté sur les jambes de mon pantalon
A marché sur un pont
Rivière coulant sous le pont
Pont cassé
Tremblant
Voie à suivre
À cette ville

La ville est couverte de nuages blancs frais
Heureux oiseaux volant dans les airs
La ville est pleine de grands immeubles modernes
Il y a aussi de beaux parcs
La ville est pleine de fleurs et d'arbres
Dans l'air, il y a un néon
Coloré
Pour montrer le charme de la ville

J'ai marché sur ce pont en ruine
Va lentement
Dans cette ville

LA PLUS BELLE COULEUR

Devenir une rivière colorée
Ça a toujours été mon rêve
Par une belle rivière
Neige froide
Seul sur la falaise
Essayez de réveiller ce désert
Offrez-vous une vitalité infinie
En faire une oasis
Ainsi montrant l'espace entre le ciel et la terre
La plus belle couleur

PREMIERS RÊVES

Dans le ciel nocturne sombre
Avec des nuages blancs
Des étoiles dans les fissures des nuages
Comme un pendule sur le mur
Continué à frapper
Premier rêve

La lune brillante se lève dans mon cœur
Ciel nuageux en constante évolution
Composez la mélodie dans mes veines
Ce soir, je vais le secouer à nouveau
Marteau de la vie
Dans ton monde
Créer de l'espoir qui brille comme le soleil
Te récupérer
Ce premier rêve

CIEL NOCTURNE

Dans le reflet de la ville
Voler , voyager
En attente de partenaires , amis et famille

Écouter de
Tambours et cloches au loin
C'est le dieu du vide
Pour moi
Signal personnel

Immédiatement après
Nous nous sommes rencontrés dans un rêve
Autre moi
Je porterai le bleu du ciel
Pour le laver
Et puis avec mon vieil ami la lune
T dans le même rêve

Avant l'aube
Mettre le monde entier
Paquet
Envoie-moi
Avec mon ami

ESPACE

Dans un lieu ouvert
Toujours venteux
Tant que le vent souffle
Les feuilles murmureront
Alors le monde sous les feuilles
Étoiles exposées
Soleil éclatant
Chaise à côté
Dessinera
Longue ombre
Imprimé au sol
Le garçon à tes côtés
Joué en plaisantant
Tout doucement
C'est sombre, c'est sombre
Les enfants rentrent à la maison

PERDU

Je me sens
Ma passion
Ma passion
S'estompe lentement
Ils semblent être enfoncés dans le fleuve jaune
Alors que la rivière se précipite vers la mer
Devenez les trillions de gouttes qui composent le vaste
océan
Un des
Il se mélange aux autres gouttes
Ils ne peuvent plus se dire

Ma passion
Ma passion
Tellement perdu

VERT

La couleur du printemps est verte
Rivière de printemps
Marcher dans les bois
Vert épais
J'ai trouvé un arbre géant dans la forêt
Le type d'arbre qui existait il y a des milliers d'années
Le genre d'arbre qui a vu vert mille fois
Le type d'arbre qui en sait le plus sur le vert
Rien n'est comparable à eux
Une meilleure compréhension du vert
Plus

FÊTE DES MÈRES

La fête des mères est là
C'est le monde entier
L'anniversaire de maman
La plus belle fête des mères

Il était une fois
Pour notre futur
Mère nous a appris
Croissance, transformation
Apprendre, penser
Il bosse dure
Tenace, travailleur

Mais notre mère
Mais perdre du poids
Leurs cernes de croissance se densifient
Votre dos se tord
Votre vue se détériore
Sa silhouette s'amincit

Fête des mères
Ce ne sont que des vacances
Elle n'a pas besoin d'un mémorial
Elle n'a pas besoin de chanter
Elle n'a pas besoin de compliments

La fête des mères approche
Elle a juste besoin
On peut gagner du temps
De retour à la maison
Va voir
Notre mère

VISITE DU PREMIER MAI

Lumière du soleil éblouissante
Illuminez les célèbres montagnes et rivières
Sentir l'eau claire au bord du lac
Écoute juste le rire

Je veux sentir la nature
Rapprochez-vous de la nature
Image verte dans la nature
Fais-moi éblouir
Le parfum des fleurs du parc
Fais moi retarder
Les oiseaux chantent dans le merlin
Feuilles dansant dans la brise
La joie est toujours dans mon coeur
Fais de mon coeur un nouveau chapitre
Un stylo doux à la main
Que ce soit poétique

J'AIME

L'impulsion du roi
Sur l'intégralité de ton corps
Pendre les yeux
Brille ton âme
Ambiance de joie
Imprégner ce campus
Regard heureux
Plein de visages de gens

Tu es une telle personne
Cela peut apporter un désir positif aux gens
Et recherche optimiste

Votre concurrence féroce à chaque fois
Ne pas être sur le terrain
Roi
Pas par rang
Champion, vice-champion
Peu importe
Seulement important
Cette certification de sueur et d'effort, et
Ton humeur

VULGAIRE

Vulgaire
Ce qui est vulgaire
Des plantes
Enraciné dans un sol peu profond
Prenez le profit comme votre propre tige
Désir comme une branche
Laisse est l'ignorance
Formalisme dans le fruit
Branches et feuilles hypocrites face au vent
Faux sourire
Mais nous aimons toujours
Ce monde irréel
Parce que
Je leur envoie
À moi
Plus sincère
Une cavité chaude
Urine
Cet excrément
Devenir
Votre nourriture spirituelle

LE PLUS BEL ANGE

Elle n'est pas une figure d'argile sous nuwa
Parce que les figurines en argile sont trop ordinaires
Il n'est pas non plus un descendant d'adam dans le jardin d'eden
Parce que les descendants d'adam et eve ne lui font pas le poids.
Même son corps n'est pas mortel
Son âme n'est pas une âme mortelle

Elle est comme une tendre fille du royaume suprême
Saint et émouvant
Elle est le dieu suprême des temps anciens oubliés
Solennel et poussiéreux
C'est un ange réincarné
Le plus bel ange

CE GENRE D'AMOUR

Sur le chemin désert
Ouvert l'un après l'autre
Et tomba

La belle femme dans le miroir
Longtemps admiré
Dans le miroir
Ton parfum
Et sa beauté

Et cette saison chaude
Doux et timide
Est souvent oublié
Alors quand il est trop tard
Je viens juste de me souvenir
Ce genre d'amour

TULIPE

Elle est incontestable
Ouvert uniquement
Elle est une tulipe parfumée
Tranquillement ouvert dans le désert
Ouvert dans mon coeur

Personne ne savait que ça existait
Personne ne la suit
C'est rouge vif et or
Juste un solitaire comme moi
Sur la route cahoteuse
Je me souviens seulement de temps en temps

UN BEAU MYTHE

Je vais jouer une chanson pour toi
Le beau mythe de jackie chan
Pour commémorer mon bel amour
Vent de nuit
Semble si seul
Mais ça sonne bien aussi

Les doigts sont doucement
Clavier d'ordinateur
Nostalgique de l'endroit où nous avons marché ensemble
Il y a ta piste

RIVIÈRE

Je ne comprends pas l'eau
Même si j'ai grandi près de la rivière
Mais je ne communique pas avec ma mère de la rivière
Proche mais inconnu

Je regarde les cailloux au bord de la rivière
Et des canards sauvages au loin
Le cœur est parti depuis longtemps avec la rivière
Coulant au loin

Combien de temps est la rivière
Quelle est la durée de ma ville natale?
Mon coeur coule avec la rivière
Toujours dans la ville natale

LANGAGE DES SIGNES

La langue des signes, une langue unique
Son charme, la plupart des gens ne peuvent pas le sentir
C'est comme danser
Danse du monde des contes de fées

Regarder dix doigts
Soit diviser ou combiner
Ouvert ou fermé
Combiner des possibilités infinies
Exprime ton coeur
Emmenez-moi pour communiquer avec vous

Cette danse
Plein d'émerveillement infini

LE SOURIRE

Le sourire
Aussi indulgent que la mer
Aussi bleu que le ciel
Pur comme un nuage

Plantons un sourire dans nos cœurs solitaires
Arrosez le sourire avec la pluie printanière
Sourire sincèrement
Laissons nos coeurs stériles
Plein de vie

UN VIEUX MUR

Dans une lointaine patrie
Il y a un vieux mur
Les gens ont oublié depuis longtemps
Seuls les pénitents se souviennent

Le vieux mur se trouve au cœur du pénitent
Le monde derrière les murs cachés
Résister au mal avec ténacité
Empêcher les gens de se perdre dans le noir
Il doit aussi couvrir l'hypocrisie et les ténèbres
Ne laissant que des regrets sincères et des regrets

ACTIVER

En ce triste automne
J'ai quitté ma ville natale
Avec un rêve
Laissez aller vos soucis
Tout abandonner
Vers la poésie et la distance
Faites un voyage, avancez

Par ta propre chaleur
Pour votre propre bonheur
Pour votre propre avenir
Combattre courageusement
Combat tenace

BRISER LA SAISON

L'automne, une triste saison
Saison solitaire
Saison d'évasion

Sur l'herbe verte
Je t'ai vu jouer
Audacieux et héroïque
Les femmes ne permettent pas aux hommes
Sentez la brise souffler au-dessus de votre tête
Tout est si calme

En un clin d'oeil
Les mauvaises herbes se sont répandues partout dans ma
mémoire
L'épaisse couleur d'automne me brûle les yeux
Le vent d'automne emporte mon fantasme
La fumée sort de partout

Seule cette figure héroïque reste dans mon cœur
Le fer à cheval suit comme une bmw en sueur
Amour condensé en forme de coeur

GUERRE

C'est un produit de l'histoire
Un symbole de guerre
Comme un phare
Représente une catastrophe
Une guerre

La balise brûle
Les rochers environnants semblent s'être habitués à
Ce rôti de feu
Est ce phare
Il a fait un miracle pour un morceau de terre
Protéger ce pays
Protégez des milliers de personnes
Hena chai riz huile sel sauce vinaigre thé

SOLITAIRE

Seul comme une marée
Croissance
Me noyer
Seul comme l'obscurité
Venir furieux
Couvre moi

Comment j'aimerais que quelqu'un puisse me sortir de là
Abîme solitaire
Combien j'ai envie
Le monde amical
Ce merveilleux avenir

Cependant, je n'ai que
Reste dans l'abîme solitaire
Continuer à ressentir l'étouffement du noir

NÉBULEUSES

Regarde les nuages au loin
Le nuage turbulent coule comme une rivière
Secoue mes rêves
Porter mes pensées
Passer par le ciel
Voler ma chemise
A traversé mon front

Ce nuage turbulent
J'ai canalisé mon espoir
Aller plus haut
Montrer la lumière dorée

SORTIR DE LA MAISON

Quand tu montes dans un train en fer rouillé
Quand tu regardes le bus sur le bord de la route
Quand tu quittes la maison
Automne sombre
Pays étranger
Les souvenirs de la ville natale continuent
S'estompe progressivement
Fondu

Chercher accidentellement
En regardant les nuages blancs dans le ciel
Vas-tu te souvenir
Le vaste paysage de la ville natale
Et les vieux jours

ABOUT THE AUTHOR

Yixin Wang

Wang Yixin est chercheur invité à la Northern Illinois University, membre de la Chinese Fiction Society, membre de l'Association des écrivains du Shaanxi, membre de l'Association des artistes de Xinzhou, et écrivain médaillé d'or du magazine Zhiyin. Il a reçu le prix de la meilleure œuvre  populaire à l'exposition de peinture et de calligraphie Bright Daily, etc. Il a publié 14 livres, dont "Your Efforts Will Finally Lead to a Better You", "Be a Happier You", "Let's, Just Go", "Live Yourself", "Night Talk by Lonely Lamp", "Betrayal" et "The Workplace Secrets Young People Must Know". Les peintures à l'huile ont été exposées plus de cinquante fois dans des expositions organisées par le musée de la culture de la province du Henan, l'association des artistes de Taiyuan, le musée d'art de Jincheng, le bureau de la culture et du tourisme de Bayannur, le musée d'art de Guangyuan, etc. Six expositions personnelles ont été organisées à l'institut des sciences et des technologies de Taishan, à l'institut d'information de Jinzhong, au parc de l'industrie culturelle du Shanxi, etc. Des œuvres littéraires et artistiques ont été publiées dans plus de trois cents articles par des magazines tels que Reader, Yanhe, Beauty et Peony. Il a été invité à enregistrer une série de programmes sur Shanxi TV et Taiyuan TV, et a donné plus d'une centaine de conférences à l'école moderne bilingue de Shanxi, au bâtiment du livre de Shanxi, au collège de la mode de Shandong et au lycée de Tsinghua.